TRANZLATY
El idioma es para todos
Taal is voor iedereen

La Bella y la Bestia

Belle en het Beest

Gabrielle-Suzanne Barbot de Villeneuve

Español / Nederlands

Copyright © 2025 Tranzlaty
All rights reserved
Published by Tranzlaty
ISBN: 978-1-80572-076-8
Original text by Gabrielle-Suzanne Barbot de Villeneuve
La Belle et la Bête
First published in French in 1740
Taken from The Blue Fairy Book (Andrew Lang)
Illustration by Walter Crane
www.tranzlaty.com

Había una vez un rico comerciante
Er was eens een rijke koopman
Este rico comerciante tuvo seis hijos.
deze rijke koopman had zes kinderen
Tenía tres hijos y tres hijas.
hij had drie zonen en drie dochters
No escatimó en gastos para su educación
hij spaarde geen kosten voor hun opleiding
Porque era un hombre sensato
omdat hij een verstandig man was
pero dio a sus hijos muchos siervos
maar hij gaf zijn kinderen veel dienaren
Sus hijas eran extremadamente bonitas
zijn dochters waren buitengewoon mooi
Y su hija menor era especialmente bonita.
en zijn jongste dochter was bijzonder knap
Desde niña ya admiraban su belleza
als kind werd haar schoonheid al bewonderd
y la gente la llamaba por su belleza
en de mensen noemden haar vanwege haar schoonheid
Su belleza no se desvaneció a medida que envejecía.
haar schoonheid vervaagde niet naarmate ze ouder werd
Así que la gente seguía llamándola por su belleza.
dus de mensen bleven haar om haar schoonheid noemen
Esto puso muy celosas a sus hermanas.
dit maakte haar zussen erg jaloers
Las dos hijas mayores tenían mucho orgullo.
de twee oudste dochters waren erg trots
Su riqueza era la fuente de su orgullo.
hun rijkdom was de bron van hun trots
y tampoco ocultaron su orgullo
en ze verborgen hun trots ook niet
No visitaron a las hijas de otros comerciantes.
ze bezochten de dochters van andere kooplieden niet
Porque sólo se encuentran con la aristocracia.
omdat ze alleen aristocratie ontmoeten

Salían todos los días a fiestas.
ze gingen elke dag naar feestjes
bailes, obras de teatro, conciertos, etc.
bals, toneelstukken, concerten, enzovoort
y se rieron de su hermana menor
en ze lachten om hun jongste zusje
Porque pasaba la mayor parte del tiempo leyendo
omdat ze het grootste deel van haar tijd doorbracht met lezen
Era bien sabido que eran ricos
het was algemeen bekend dat ze rijk waren
Así que varios comerciantes eminentes pidieron su mano.
dus vroegen verschillende vooraanstaande kooplieden om hun hand
pero dijeron que no se iban a casar
maar ze zeiden dat ze niet zouden trouwen
Pero estaban dispuestos a hacer algunas excepciones.
maar ze waren bereid om enkele uitzonderingen te maken
"Quizás podría casarme con un duque"
"misschien kan ik met een hertog trouwen"
"Supongo que podría casarme con un conde"
"Ik denk dat ik met een graaf zou kunnen trouwen"
Bella agradeció muy civilizadamente a quienes le propusieron matrimonio.
schoonheid bedankte heel beleefd degenen die haar een aanzoek deden
Ella les dijo que todavía era demasiado joven para casarse.
Ze vertelde hen dat ze nog te jong was om te trouwen
Ella quería quedarse unos años más con su padre.
ze wilde nog een paar jaar bij haar vader blijven
De repente el comerciante perdió su fortuna.
Opeens verloor de koopman zijn fortuin
Lo perdió todo excepto una pequeña casa de campo.
hij verloor alles behalve een klein landhuis
Y con lágrimas en los ojos les dijo a sus hijos:
en hij vertelde zijn kinderen met tranen in zijn ogen:
"Tenemos que ir al campo"

"we moeten naar het platteland"
"y debemos trabajar para vivir"
"en wij moeten werken voor ons levensonderhoud"
Las dos hijas mayores no querían abandonar el pueblo.
de twee oudste dochters wilden de stad niet verlaten
Tenían varios amantes en la ciudad.
ze hadden meerdere geliefden in de stad
y estaban seguros de que uno de sus amantes se casaría con ellos
en ze waren er zeker van dat een van hun geliefden met hen zou trouwen
Pensaban que sus amantes se casarían con ellos incluso sin fortuna.
ze dachten dat hun geliefden met hen zouden trouwen, zelfs als ze geen fortuin hadden
Pero las buenas damas estaban equivocadas.
maar de goede dames hadden het mis
Sus amantes los abandonaron muy rápidamente
hun geliefden verlieten hen heel snel
porque ya no tenían fortuna
omdat ze geen fortuin meer hadden
Esto demostró que en realidad no eran muy queridos.
dit toonde aan dat ze niet echt geliefd waren
Todos dijeron que no merecían compasión.
Iedereen zei dat ze het niet verdienden om medelijden te krijgen
"Nos alegra ver su orgullo humillado"
"We zijn blij dat hun trots is geschaad"
"Que se sientan orgullosos de ordeñar vacas"
"Laat ze trots zijn op het melken van koeien"
Pero estaban preocupados por Bella.
maar ze waren bezorgd om schoonheid
Ella era una criatura tan dulce
ze was zo'n lief wezentje
Ella hablaba tan amablemente a la gente pobre.
ze sprak zo vriendelijk tot arme mensen

Y ella era de una naturaleza tan inocente.
en ze was van zo'n onschuldig karakter
Varios caballeros se habrían casado con ella.
Meerdere heren zouden met haar getrouwd zijn
Se habrían casado con ella aunque fuera pobre
ze zouden met haar getrouwd zijn, ook al was ze arm
pero ella les dijo que no podía casarlos
maar ze vertelde hen dat ze niet met hen kon trouwen
porque ella no dejaría a su padre
omdat ze haar vader niet wilde verlaten
Ella estaba decidida a ir con él al campo.
ze was vastbesloten om met hem mee te gaan naar het platteland
para que ella pudiera consolarlo y ayudarlo
zodat ze hem kon troosten en helpen
La pobre belleza estaba muy triste al principio.
De arme schoonheid was in het begin erg bedroefd
Ella estaba afligida por la pérdida de su fortuna.
ze was bedroefd door het verlies van haar fortuin
"Pero llorar no cambiará mi suerte"
"maar huilen zal mijn lot niet veranderen"
"Debo intentar ser feliz sin riquezas"
"Ik moet proberen mezelf gelukkig te maken zonder rijkdom"
Llegaron a su casa de campo
ze kwamen naar hun landhuis
y el comerciante y sus tres hijos se dedicaron a la agricultura
en de koopman en zijn drie zonen legden zich toe op de landbouw
Bella se levantó a las cuatro de la mañana.
schoonheid steeg om vier uur 's ochtends
y se apresuró a limpiar la casa
en ze haastte zich om het huis schoon te maken
y se aseguró de que la cena estuviera lista
en ze zorgde ervoor dat het avondeten klaar was
Al principio encontró su nueva vida muy difícil.
in het begin vond ze haar nieuwe leven erg moeilijk

porque no estaba acostumbrada a ese tipo de trabajo
omdat ze niet gewend was aan dergelijk werk
Pero en menos de dos meses se hizo más fuerte.
maar in minder dan twee maanden werd ze sterker
Y ella estaba más sana que nunca.
en ze was gezonder dan ooit tevoren
Después de haber hecho su trabajo, leyó
nadat ze haar werk had gedaan, las ze
Ella tocaba el clavicémbalo
ze speelde op het klavecimbel
o cantaba mientras hilaba seda
of ze zong terwijl ze zijde spon
Por el contrario, sus dos hermanas no sabían cómo pasar el tiempo.
integendeel, haar twee zussen wisten niet hoe ze hun tijd moesten besteden
Se levantaron a las diez y no hicieron nada más que holgazanear todo el día.
ze stonden om tien uur op en deden de hele dag niets anders dan luieren
Lamentaron la pérdida de sus hermosas ropas.
ze betreurden het verlies van hun mooie kleren
y se quejaron de perder a sus conocidos
en ze klaagden over het verlies van hun kennissen
"Mirad a nuestra hermana menor", se dijeron.
"Kijk eens naar onze jongste zus," zeiden ze tegen elkaar
"¡Qué criatura tan pobre y estúpida es!"
"wat een arm en dom wezen is ze"
"Es mezquino contentarse con tan poco"
"het is gemeen om tevreden te zijn met zo weinig"
El amable comerciante tenía una opinión muy diferente.
de vriendelijke koopman was van een heel andere mening
Él sabía muy bien que Bella eclipsaba a sus hermanas.
hij wist heel goed dat schoonheid haar zussen overschaduwde
Ella los eclipsó tanto en carácter como en mente.
ze overtrof hen in karakter en geest

Él admiraba su humildad y su arduo trabajo.
hij bewonderde haar nederigheid en haar harde werk
Pero sobre todo admiraba su paciencia.
maar bovenal bewonderde hij haar geduld
Sus hermanas le dejaron todo el trabajo por hacer.
haar zussen lieten haar al het werk doen
y la insultaban a cada momento
en ze beledigden haar elk moment
La familia había vivido así durante aproximadamente un año.
Het gezin leefde ongeveer een jaar zo
Entonces el comerciante recibió una carta de un contable.
toen kreeg de handelaar een brief van een accountant
Tenía una inversión en un barco.
hij had een investering in een schip
y el barco había llegado sano y salvo
en het schip was veilig aangekomen
Esta noticia hizo que las dos hijas mayores se volvieran locas.
Dit nieuws deed de hoofden van de twee oudste dochters omdraaien
Inmediatamente tuvieron esperanzas de regresar a la ciudad.
ze hadden meteen hoop om terug te keren naar de stad
Porque estaban bastante cansados de la vida en el campo.
omdat ze het plattelandsleven behoorlijk beu waren
Fueron a ver a su padre cuando él se iba.
ze gingen naar hun vader toen hij vertrok
Le rogaron que les comprara ropa nueva
ze smeekten hem om nieuwe kleren voor hen te kopen
Vestidos, cintas y todo tipo de cositas.
jurken, linten en allerlei kleine dingen
Pero Bella no pedía nada.
maar schoonheid vroeg niets
Porque pensó que el dinero no sería suficiente.
omdat ze dacht dat het geld niet genoeg zou zijn
No habría suficiente para comprar todo lo que sus hermanas

querían.
er zou niet genoeg zijn om alles te kopen wat haar zussen wilden
- ¿Qué te gustaría, Bella? -preguntó su padre.
"Wat wil je, schoonheid?" vroeg haar vader
"Gracias, padre, por la bondad de pensar en mí", dijo.
"Dank u, vader, voor de goedheid om aan mij te denken," zei ze
"Padre, ten la amabilidad de traerme una rosa"
"Vader, wees zo vriendelijk om mij een roos te brengen"
"Porque aquí en el jardín no crecen rosas"
"omdat hier in de tuin geen rozen groeien"
"y las rosas son una especie de rareza"
"en rozen zijn een soort zeldzaamheid"
A Bella realmente no le importaban las rosas
schoonheid gaf niet echt om rozen
Ella solo pidió algo para no condenar a sus hermanas.
ze vroeg alleen om iets om haar zussen niet te veroordelen
Pero sus hermanas pensaron que ella pidió rosas por otros motivos.
maar haar zussen dachten dat ze om andere redenen om rozen had gevraagd
"Lo hizo sólo para parecer especial"
"Ze deed het alleen maar om er bijzonder uit te zien"
El hombre amable continuó su viaje.
De vriendelijke man ging op reis
pero cuando llego discutieron sobre la mercancia
maar toen hij aankwam, kregen ze ruzie over de koopwaar
Y después de muchos problemas volvió tan pobre como antes.
en na veel moeite kwam hij terug, even arm als voorheen
Estaba a un par de horas de su propia casa.
hij was binnen een paar uur bij zijn eigen huis
y ya imaginaba la alegría de ver a sus hijos
en hij stelde zich al de vreugde voor om zijn kinderen te zien
pero al pasar por el bosque se perdió

maar toen hij door het bos liep, raakte hij verdwaald
Llovió y nevó terriblemente
het regende en sneeuwde verschrikkelijk
El viento era tan fuerte que lo arrojó del caballo.
de wind was zo sterk dat hij van zijn paard werd geslingerd
Y la noche se acercaba rápidamente
en de nacht kwam snel
Empezó a pensar que podría morir de hambre.
hij begon te denken dat hij zou kunnen verhongeren
y pensó que podría morir congelado
en hij dacht dat hij dood zou vriezen
y pensó que los lobos podrían comérselo
en hij dacht dat wolven hem zouden opeten
Los lobos que oía aullar a su alrededor
de wolven die hij om zich heen hoorde huilen
Pero de repente vio una luz.
maar plotseling zag hij een licht
Vio la luz a lo lejos entre los árboles.
hij zag het licht op afstand door de bomen
Cuando se acercó vio que la luz era un palacio.
toen hij dichterbij kwam zag hij dat het licht een paleis was
El palacio estaba iluminado de arriba a abajo.
het paleis was van boven tot onder verlicht
El comerciante agradeció a Dios por su suerte.
de koopman dankte God voor zijn geluk
y se apresuró a ir al palacio
en hij haastte zich naar het paleis
Pero se sorprendió al no ver gente en el palacio.
maar hij was verrast dat er geen mensen in het paleis waren
El patio estaba completamente vacío.
de binnenplaats was helemaal leeg
y no había señales de vida en ninguna parte
en er was nergens een teken van leven
Su caballo lo siguió hasta el palacio.
zijn paard volgde hem het paleis in
y luego su caballo encontró un gran establo

en toen vond zijn paard een grote stal
El pobre animal estaba casi muerto de hambre.
het arme dier was bijna uitgehongerd
Entonces su caballo fue a buscar heno y avena.
dus zijn paard ging op zoek naar hooi en haver
Afortunadamente encontró mucho para comer.
gelukkig vond hij genoeg te eten
y el mercader ató su caballo al pesebre
en de koopman bond zijn paard vast aan de kribbe
Caminando hacia la casa no vio a nadie.
toen hij naar het huis liep, zag hij niemand
Pero en un gran salón encontró un buen fuego.
maar in een grote hal vond hij een goed vuur
y encontró una mesa puesta para uno
en hij vond een tafel gedekt voor één
Estaba mojado por la lluvia y la nieve.
hij was nat van de regen en sneeuw
Entonces se acercó al fuego para secarse.
dus ging hij naar het vuur om zichzelf te drogen
"Espero que el dueño de la casa me disculpe"
"Ik hoop dat de heer des huizes mij wil verontschuldigen"
"Supongo que no tardará mucho en aparecer alguien"
"Ik denk dat het niet lang zal duren voordat er iemand verschijnt"
Esperó un tiempo considerable
Hij wachtte een aanzienlijke tijd
Esperó hasta que dieron las once y todavía no venía nadie.
hij wachtte tot het elf uur was, en nog steeds kwam er niemand
Al final tenía tanta hambre que no podía esperar más.
uiteindelijk had hij zo'n honger dat hij niet langer kon wachten
Tomó un poco de pollo y se lo comió en dos bocados.
hij nam wat kip en at het in twee happen op
Estaba temblando mientras comía la comida.
hij beefde terwijl hij het eten at
Después de esto bebió unas copas de vino.

daarna dronk hij een paar glazen wijn
Cada vez más valiente, salió del salón.
steeds moediger wordend ging hij de hal uit
y atravesó varios grandes salones
en hij liep door verschillende grote hallen
Caminó por el palacio hasta llegar a una cámara.
hij liep door het paleis totdat hij in een kamer kwam
Una habitación que tenía una cama muy buena.
een kamer waarin een buitengewoon goed bed stond
Estaba muy fatigado por su terrible experiencia.
hij was erg vermoeid van zijn beproeving
Y ya era pasada la medianoche
en het was al middernacht
Entonces decidió que era mejor cerrar la puerta.
dus besloot hij dat het het beste was om de deur te sluiten
y concluyó que debía irse a la cama
en hij besloot dat hij naar bed moest gaan
Eran las diez de la mañana cuando el comerciante se despertó.
Het was tien uur 's ochtends toen de koopman wakker werd
Justo cuando iba a levantarse vio algo
net toen hij op het punt stond op te staan zag hij iets
Se sorprendió al ver un conjunto de ropa limpia.
hij was verbaasd een schone set kleren te zien
En el lugar donde había dejado su ropa sucia.
op de plaats waar hij zijn vuile kleren had achtergelaten
"Seguramente este palacio pertenece a algún tipo de hada".
"Dit paleis is zeker van een soort fee"
" Un hada que me ha visto y se ha compadecido de mí"
" een fee die mij zag en medelijden met mij had"
Miró por una ventana
hij keek door een raam
Pero en lugar de nieve vio el jardín más delicioso.
maar in plaats van sneeuw zag hij de meest verrukkelijke tuin
Y en el jardín estaban las rosas más hermosas.
en in de tuin stonden de mooiste rozen

Luego regresó al gran salón.
hij keerde toen terug naar de grote hal
El salón donde había tomado sopa la noche anterior.
de hal waar hij de avond ervoor soep had gegeten
y encontró un poco de chocolate en una mesita
en hij vond wat chocolade op een tafeltje
"Gracias, buena señora hada", dijo en voz alta.
"Dank u wel, goede mevrouw Fee," zei hij hardop
"Gracias por ser tan cariñoso"
"bedankt dat je zo zorgzaam bent"
"Le estoy sumamente agradecido por todos sus favores"
"Ik ben u zeer erkentelijk voor al uw gunsten"
El hombre amable bebió su chocolate.
de vriendelijke man dronk zijn chocolade
y luego fue a buscar su caballo
en toen ging hij op zoek naar zijn paard
Pero en el jardín recordó la petición de Bella.
maar in de tuin herinnerde hij zich het verzoek van de schoonheid
y cortó una rama de rosas
en hij sneed een tak rozen af
Inmediatamente oyó un gran ruido
onmiddellijk hoorde hij een groot lawaai
y vio una bestia terriblemente espantosa
en hij zag een vreselijk angstaanjagend beest
Estaba tan asustado que estaba a punto de desmayarse.
hij was zo bang dat hij bijna flauwviel
-Eres muy desagradecido -le dijo la bestia.
"Je bent erg ondankbaar," zei het beest tegen hem
Y la bestia habló con voz terrible
en het beest sprak met een vreselijke stem
"Te he salvado la vida al permitirte entrar en mi castillo"
"Ik heb je leven gered door je in mijn kasteel toe te laten"
"¿Y a cambio me robas mis rosas?"
"En daarvoor steel jij mijn rozen?"
"Las rosas que valoro más que nada"

"De rozen die ik boven alles waardeer"
"Pero morirás por lo que has hecho"
"maar je zult sterven voor wat je hebt gedaan"
"Sólo te doy un cuarto de hora para que te prepares"
"Ik geef je maar een kwartier om je voor te bereiden"
"Prepárate para la muerte y di tus oraciones"
"maak je klaar voor de dood en bid"
El comerciante cayó de rodillas
de koopman viel op zijn knieën
y alzó ambas manos
en hij hief beide handen op
"Mi señor, le ruego que me perdone"
"Mijn heer, ik smeek u mij te vergeven"
"No tuve intención de ofenderte"
"Ik had niet de bedoeling je te beledigen"
"Recogí una rosa para una de mis hijas"
"Ik plukte een roos voor een van mijn dochters"
"Ella me pidió que le trajera una rosa"
"Ze vroeg me om haar een roos te brengen"
-No soy tu señor, pero soy una bestia -respondió el monstruo.
"Ik ben niet uw heer, maar ik ben een beest," antwoordde het monster
"No me gustan los cumplidos"
"Ik hou niet van complimenten"
"Me gusta la gente que habla como piensa"
"Ik hou van mensen die spreken zoals ze denken"
"No creas que me puedo conmover con halagos"
"denk niet dat ik ontroerd kan worden door vleierij"
"Pero dices que tienes hijas"
"Maar je zegt dat je dochters hebt"
"Te perdonaré con una condición"
"Ik zal je vergeven op één voorwaarde"
"Una de tus hijas debe venir voluntariamente a mi palacio"
"Een van uw dochters moet vrijwillig naar mijn paleis komen"
"y ella debe sufrir por ti"

"en zij moet voor jou lijden"
"Déjame tener tu palabra"
"Laat mij uw woord hebben"
"Y luego podrás continuar con tus asuntos"
"en dan kun je je gang gaan"
"Prométeme esto:"
"Beloof me dit:"
"Si tu hija se niega a morir por ti, deberás regresar dentro de tres meses"
"Als uw dochter weigert voor u te sterven, moet u binnen drie maanden terugkeren"
El comerciante no tenía intenciones de sacrificar a sus hijas.
de koopman had niet de intentie om zijn dochters te offeren
Pero, como le habían dado tiempo, quiso volver a ver a sus hijas.
maar omdat hij de tijd had gekregen, wilde hij zijn dochters nog een keer zien
Así que prometió que volvería.
dus beloofde hij dat hij terug zou komen
Y la bestia le dijo que podía partir cuando quisiera.
en het beest vertelde hem dat hij mocht vertrekken wanneer hij wilde
y la bestia le dijo una cosa más
en het beest vertelde hem nog één ding
"No te irás con las manos vacías"
"Je zult niet met lege handen vertrekken"
"Vuelve a la habitación donde yacías"
"Ga terug naar de kamer waar je ligt"
"Verás un gran cofre del tesoro vacío"
"je zult een grote lege schatkist zien"
"Llena el cofre del tesoro con lo que más te guste"
"vul de schatkist met wat je het leukst vindt"
"y enviaré el cofre del tesoro a tu casa"
"en ik zal de schatkist naar je huis sturen"
Y al mismo tiempo la bestia se retiró.
en tegelijkertijd trok het beest zich terug

"Bueno", se dijo el buen hombre.
"Nou," zei de goede man tegen zichzelf
"Si tengo que morir, al menos dejaré algo a mis hijos"
"Als ik moet sterven, laat ik tenminste iets na aan mijn kinderen"
Así que regresó al dormitorio.
dus keerde hij terug naar de slaapkamer
y encontró una gran cantidad de piezas de oro
en hij vond een groot aantal goudstukken
Llenó el cofre del tesoro que la bestia había mencionado.
hij vulde de schatkist waar het beest het over had
y sacó su caballo del establo
en hij haalde zijn paard uit de stal
La alegría que sintió al entrar al palacio ahora era igual al dolor que sintió al salir de él.
de vreugde die hij voelde toen hij het paleis binnenkwam, was nu gelijk aan het verdriet dat hij voelde toen hij het verliet
El caballo tomó uno de los caminos del bosque.
het paard nam een van de wegen van het bos
Y en pocas horas el buen hombre estaba en casa.
en binnen een paar uur was de goede man thuis
Sus hijos vinieron a él
zijn kinderen kwamen naar hem toe
Pero en lugar de recibir sus abrazos con placer, los miró.
maar in plaats van hun omhelzingen met genoegen te ontvangen, keek hij naar hen
Levantó la rama que tenía en sus manos.
hij hield de tak omhoog die hij in zijn handen had
y luego estalló en lágrimas
en toen barstte hij in tranen uit
"Belleza", dijo, "por favor toma estas rosas".
"Schoonheid", zei hij, "neem alsjeblieft deze rozen"
"No puedes saber lo costosas que han sido estas rosas"
"Je kunt niet weten hoe kostbaar deze rozen zijn geweest"
"Estas rosas le han costado la vida a tu padre"
"Deze rozen hebben je vader het leven gekost"

Y luego contó su fatal aventura.
en toen vertelde hij over zijn noodlottige avontuur
Inmediatamente las dos hermanas mayores gritaron.
onmiddellijk riepen de twee oudste zussen
y le dijeron muchas cosas malas a su hermosa hermana
en ze zeiden veel gemene dingen tegen hun mooie zus
Pero Bella no lloró en absoluto.
maar schoonheid huilde helemaal niet
"Mirad el orgullo de ese pequeño desgraciado", dijeron.
"Kijk eens naar de trots van dat kleine schurkje," zeiden ze
"ella no pidió ropa fina"
"Ze vroeg niet om mooie kleren"
"Ella debería haber hecho lo que hicimos"
"Ze had moeten doen wat wij deden"
"ella quería distinguirse"
"Ze wilde zich onderscheiden"
"Así que ahora ella será la muerte de nuestro padre"
"dus nu zal zij de dood van onze vader zijn"
"Y aún así no derrama ni una lágrima"
"en toch laat ze geen traan"
"¿Por qué debería llorar?" respondió Bella
"Waarom zou ik huilen?" antwoordde de schoonheid
"Llorar sería muy innecesario"
"huilen zou heel erg overbodig zijn"
"mi padre no sufrirá por mí"
"mijn vader zal niet voor mij lijden"
"El monstruo aceptará a una de sus hijas"
"het monster zal een van zijn dochters accepteren"
"Me ofreceré a toda su furia"
"Ik zal mij overgeven aan al zijn woede"
"Estoy muy feliz, porque mi muerte salvará la vida de mi padre"
"Ik ben heel blij, want mijn dood zal het leven van mijn vader redden"
"mi muerte será una prueba de mi amor"
"Mijn dood zal een bewijs zijn van mijn liefde"

-No, hermana -dijeron sus tres hermanos.
"Nee, zus," zeiden haar drie broers
"Eso no será"
"dat zal niet zijn"
"Iremos a buscar al monstruo"
"We gaan het monster zoeken"
"y o lo matamos..."
"en of we zullen hem doden..."
"...o pereceremos en el intento"
"...of we zullen bij de poging ten onder gaan"
"No imaginéis tal cosa, hijos míos", dijo el mercader.
"Stel je zoiets niet voor, mijn zonen," zei de koopman
"El poder de la bestia es tan grande que no tengo esperanzas de que puedas vencerlo"
"de kracht van het beest is zo groot dat ik geen hoop heb dat je hem kunt overwinnen"
"Estoy encantado con la amable y generosa oferta de Bella"
"Ik ben betoverd door het vriendelijke en genereuze aanbod van schoonheid"
"pero no puedo aceptar su generosidad"
"maar ik kan haar vrijgevigheid niet accepteren"
"Soy viejo y no me queda mucho tiempo de vida"
"Ik ben oud en ik heb niet lang meer te leven"
"Así que sólo puedo perder unos pocos años"
"dus ik kan maar een paar jaar verliezen"
"Tiempo que lamento por vosotros, mis queridos hijos"
"tijd die ik voor jullie betreur, mijn lieve kinderen"
"Pero padre", dijo Bella
"Maar vader," zei de schoonheid
"No irás al palacio sin mí"
"Je zult niet zonder mij naar het paleis gaan"
"No puedes impedir que te siga"
"Je kunt me niet tegenhouden om je te volgen"
Nada podría convencer a Bella de lo contrario.
niets kon schoonheid anders overtuigen
Ella insistió en ir al bello palacio.

Ze stond erop om naar het mooie paleis te gaan
y sus hermanas estaban encantadas con su insistencia
en haar zussen waren verheugd over haar aandringen
El comerciante estaba preocupado ante la idea de perder a su hija.
De koopman maakte zich zorgen bij de gedachte zijn dochter te verliezen
Estaba tan preocupado que se había olvidado del cofre lleno de oro.
hij was zo bezorgd dat hij de kist vol goud was vergeten
Por la noche se retiró a descansar y cerró la puerta de su habitación.
's Nachts ging hij slapen en deed de deur van zijn kamer dicht
Entonces, para su gran asombro, encontró el tesoro junto a su cama.
toen vond hij tot zijn grote verbazing de schat naast zijn bed
Estaba decidido a no contárselo a sus hijos.
hij was vastbesloten om het zijn kinderen niet te vertellen
Si lo supieran, hubieran querido regresar al pueblo.
als ze het hadden geweten, hadden ze terug naar de stad gewild
y estaba decidido a no abandonar el campo
en hij was vastbesloten het platteland niet te verlaten
Pero él confió a Bella el secreto.
maar hij vertrouwde schoonheid het geheim toe
Ella le informó que dos caballeros habían llegado.
Ze vertelde hem dat er twee heren waren gekomen
y le hicieron propuestas a sus hermanas
en ze deden voorstellen aan haar zussen
Ella le rogó a su padre que consintiera su matrimonio.
Ze smeekte haar vader om toestemming te geven voor hun huwelijk
y ella le pidió que les diera algo de su fortuna
en ze vroeg hem om hen een deel van zijn fortuin te geven
Ella ya los había perdonado.
ze had hen al vergeven

Las malvadas criaturas se frotaron los ojos con cebollas.
de boze wezens wreven hun ogen uit met uien
Para forzar algunas lágrimas cuando se separaron de su hermana.
om wat tranen te forceren toen ze afscheid namen van hun zus
Pero sus hermanos realmente estaban preocupados.
maar haar broers waren echt bezorgd
Bella fue la única que no derramó ninguna lágrima.
schoonheid was de enige die geen tranen vergoot
Ella no quería aumentar su malestar.
ze wilde hun ongemak niet vergroten
El caballo tomó el camino directo al palacio.
het paard nam de directe weg naar het paleis
y hacia la tarde vieron el palacio iluminado
en tegen de avond zagen ze het verlichte paleis
El caballo volvió a entrar solo en el establo.
het paard ging weer de stal in
Y el buen hombre y su hija entraron en el gran salón.
en de goede man en zijn dochter gingen de grote hal binnen
Aquí encontraron una mesa espléndidamente servida.
hier vonden ze een prachtig gedekte tafel
El comerciante no tenía apetito para comer
de koopman had geen trek in eten
Pero Bella se esforzó por parecer alegre.
maar schoonheid probeerde vrolijk te lijken
Ella se sentó a la mesa y ayudó a su padre.
Ze ging aan tafel zitten en hielp haar vader
Pero también pensó para sí misma:
maar ze dacht ook bij zichzelf:
"La bestia seguramente quiere engordarme antes de comerme"
"Het beest wil me zeker eerst vetmesten voordat hij me opeet"
"Por eso ofrece tanto entretenimiento"
"daarom zorgt hij voor zoveel vermaak"
Después de haber comido oyeron un gran ruido.
nadat ze gegeten hadden hoorden ze een groot lawaai

Y el comerciante se despidió de su desdichado hijo con lágrimas en los ojos.
en de koopman nam afscheid van zijn ongelukkige kind, met tranen in zijn ogen
Porque sabía que la bestia venía
omdat hij wist dat het beest zou komen
Bella estaba aterrorizada por su horrible forma.
schoonheid was doodsbang voor zijn afschuwelijke vorm
Pero ella tomó coraje lo mejor que pudo.
maar ze verzamelde moed zo goed als ze kon
Y el monstruo le preguntó si venía voluntariamente.
en het monster vroeg haar of ze vrijwillig kwam
-Sí, he venido voluntariamente -dijo temblando.
"Ja, ik ben vrijwillig gekomen," zei ze bevend
La bestia respondió: "Eres muy bueno"
Het beest antwoordde: "Je bent heel goed"
"Y te lo agradezco mucho, hombre honesto"
"en ik ben u zeer verplicht; eerlijk man"
"Continuad vuestro camino mañana por la mañana"
"ga morgenvroeg je weg"
"Pero nunca pienses en venir aquí otra vez"
"maar denk er nooit meer aan om hierheen te komen"
"Adiós bella, adiós bestia", respondió.
"Vaarwel schoonheid, vaarwel beest," antwoordde hij
Y de inmediato el monstruo se retiró.
en onmiddellijk trok het monster zich terug
"Oh, hija", dijo el comerciante.
"Oh, dochter," zei de koopman
y abrazó a su hija una vez más
en hij omhelsde zijn dochter nogmaals
"Estoy casi muerto de miedo"
"Ik ben bijna doodsbang"
"Créeme, será mejor que regreses"
"Geloof me, je kunt beter teruggaan"
"déjame quedarme aquí, en tu lugar"
"Laat mij hier blijven, in plaats van jij"

—No, padre —dijo Bella con tono decidido.
"Nee, vader," zei de schoonheid op een vastberaden toon
"Partirás mañana por la mañana"
"morgenvroeg vertrek je"
"déjame al cuidado y protección de la providencia"
"Laat mij over aan de zorg en bescherming van de voorzienigheid"
Aún así se fueron a la cama
toch gingen ze naar bed
Pensaron que no cerrarían los ojos en toda la noche.
ze dachten dat ze hun ogen de hele nacht niet zouden sluiten
pero justo cuando se acostaron se durmieron
maar zodra ze gingen liggen, sliepen ze
Bella soñó que una bella dama se acercó y le dijo:
schoonheid droomde dat een mooie dame naar haar toe kwam en tegen haar zei:
"Estoy contento, bella, con tu buena voluntad"
"Ik ben tevreden, schoonheid, met jouw goede wil"
"Esta buena acción tuya no quedará sin recompensa"
"Deze goede daad van u zal niet onbeloond blijven"
Bella se despertó y le contó a su padre su sueño.
schoonheid werd wakker en vertelde haar vader haar droom
El sueño ayudó a consolarlo un poco.
de droom hielp hem een beetje troost te bieden
Pero no pudo evitar llorar amargamente mientras se marchaba.
maar hij kon het niet helpen bitter te huilen toen hij vertrok
Tan pronto como se fue, Bella se sentó en el gran salón y lloró también.
Zodra hij weg was, ging de schoonheid in de grote hal zitten en huilde ook
Pero ella decidió no sentirse inquieta.
maar ze besloot zich niet ongerust te maken
Ella decidió ser fuerte por el poco tiempo que le quedaba de vida.
ze besloot sterk te zijn voor de korte tijd die ze nog had om te

leven
Porque creía firmemente que la bestia la comería.
omdat ze er vast van overtuigd was dat het beest haar zou opeten
Sin embargo, pensó que también podría explorar el palacio.
ze dacht echter dat ze net zo goed het paleis kon verkennen
y ella quería ver el hermoso castillo
en ze wilde het mooie kasteel bekijken
Un castillo que no pudo evitar admirar.
een kasteel dat ze niet kon laten te bewonderen
Era un palacio deliciosamente agradable.
het was een heerlijk aangenaam paleis
y ella se sorprendió muchísimo al ver una puerta
en ze was zeer verrast toen ze een deur zag
Y sobre la puerta estaba escrito que era su habitación.
en boven de deur stond geschreven dat het haar kamer was
Ella abrió la puerta apresuradamente
ze deed haastig de deur open
y ella quedó completamente deslumbrada con la magnificencia de la habitación.
en ze was volkomen verblind door de pracht van de kamer
Lo que más le llamó la atención fue una gran biblioteca.
wat haar aandacht vooral in beslag nam was een grote bibliotheek
Un clavicémbalo y varios libros de música.
een klavecimbel en verschillende muziekboeken
"Bueno", se dijo a sí misma.
"Nou," zei ze tegen zichzelf
"Veo que la bestia no dejará que mi tiempo cuelgue pesadamente"
"Ik zie dat het beest mijn tijd niet zwaar zal laten duren"
Entonces reflexionó sobre su situación.
toen dacht ze na over haar situatie
"Si me hubiera quedado un día, todo esto no estaría aquí"
"Als ik een dag had moeten blijven, zou dit hier allemaal niet zijn"

Esta consideración le inspiró nuevo coraje.
Deze overweging gaf haar nieuwe moed
y tomó un libro de su nueva biblioteca
en ze pakte een boek uit haar nieuwe bibliotheek
y leyó estas palabras en letras doradas:
en ze las deze woorden in gouden letters:
"Bienvenida Bella, destierra el miedo"
"Welkom schoonheid, verban angst"
"Eres reina y señora aquí"
"Jij bent hier koningin en meesteres"
"Di tus deseos, di tu voluntad"
"Spreek uw wensen uit, spreek uw wil uit"
"Aquí la obediencia rápida cumple tus deseos"
"Hier voldoet snelle gehoorzaamheid aan uw wensen"
"¡Ay!", dijo ella con un suspiro.
"Helaas," zei ze met een zucht
"Lo que más deseo es ver a mi pobre padre"
"Het allerliefst wil ik mijn arme vader zien"
"y me gustaría saber qué está haciendo"
"en ik zou graag willen weten wat hij doet"
Tan pronto como dijo esto se dio cuenta del espejo.
Zodra ze dit had gezegd, zag ze de spiegel
Para su gran asombro, vio su propia casa en el espejo.
tot haar grote verbazing zag ze haar eigen huis in de spiegel
Su padre llegó emocionalmente agotado.
haar vader kwam emotioneel uitgeput aan
Sus hermanas fueron a recibirlo
haar zussen gingen hem tegemoet
A pesar de sus intentos de parecer tristes, su alegría era visible.
ondanks hun pogingen om er verdrietig uit te zien, was hun vreugde zichtbaar
Un momento después todo desapareció
een moment later was alles verdwenen
Y las aprensiones de Bella también desaparecieron.
en de angst voor schoonheid verdween ook

porque sabía que podía confiar en la bestia
want ze wist dat ze het beest kon vertrouwen
Al mediodía encontró la cena lista.
's Middags vond ze het avondeten klaar
Ella se sentó a la mesa
ze ging aan tafel zitten
y se entretuvo con un concierto de música
en ze werd vermaakt met een muziekconcert
Aunque no podía ver a nadie
hoewel ze niemand kon zien
Por la noche se sentó a cenar otra vez
's avonds ging ze weer aan tafel voor het avondeten
Esta vez escuchó el ruido que hizo la bestia.
deze keer hoorde ze het geluid dat het beest maakte
y ella no pudo evitar estar aterrorizada
en ze kon het niet helpen dat ze doodsbang was
"belleza", dijo el monstruo
"schoonheid," zei het monster
"¿Me permites comer contigo?"
"Mag ik met je mee eten?"
"Haz lo que quieras", respondió Bella temblando.
"Doe wat je wilt," antwoordde de schoonheid bevend
"No", respondió la bestia.
"Nee," antwoordde het beest
"Sólo tú eres la señora aquí"
"jij bent hier alleen meesteres"
"Puedes despedirme si soy problemático"
"Je kunt me wegsturen als ik lastig ben"
"Despídeme y me retiraré inmediatamente"
"stuur mij weg en ik zal mij onmiddellijk terugtrekken"
-Pero dime, ¿no te parece que soy muy fea?
"Maar vertel eens, vind je mij niet heel lelijk?"
"Eso es verdad", dijo Bella.
"Dat is waar", zei de schoonheid
"No puedo decir una mentira"
"Ik kan niet liegen"

"Pero creo que tienes muy buen carácter"
"maar ik geloof dat je een heel goed karakter hebt"
"Sí, lo soy", dijo el monstruo.
"Dat ben ik inderdaad," zei het monster
"Pero aparte de mi fealdad, tampoco tengo sentido"
"Maar afgezien van mijn lelijkheid heb ik ook geen verstand"
"Sé muy bien que soy una criatura tonta"
"Ik weet heel goed dat ik een dwaas wezen ben"
—No es ninguna locura pensar así —replicó Bella.
"Het is geen teken van dwaasheid om dat te denken,"
antwoordde de schoonheid
"Come entonces, bella", dijo el monstruo.
"Eet dan, schoonheid," zei het monster
"Intenta divertirte en tu palacio"
"probeer jezelf te vermaken in je paleis"
"Todo aquí es tuyo"
"alles hier is van jou"
"Y me sentiría muy incómodo si no fueras feliz"
"en ik zou me erg ongemakkelijk voelen als je niet gelukkig was"
-Eres muy servicial -respondió Bella.
"Je bent erg behulpzaam," antwoordde de schoonheid
"Admito que estoy complacido con su amabilidad"
"Ik geef toe dat ik blij ben met uw vriendelijkheid"
"Y cuando considero tu bondad, apenas noto tus deformidades"
"en als ik uw vriendelijkheid overweeg, merk ik uw misvormingen nauwelijks op"
"Sí, sí", dijo la bestia, "mi corazón es bueno".
"Ja, ja," zei het beest, "mijn hart is goed
"Pero aunque soy bueno, sigo siendo un monstruo"
"maar hoewel ik goed ben, ben ik nog steeds een monster"
"Hay muchos hombres que merecen ese nombre más que tú"
"Er zijn veel mannen die die naam meer verdienen dan jij"
"Y te prefiero tal como eres"
"en ik geef de voorkeur aan jou zoals je bent"

"y te prefiero más que a aquellos que esconden un corazón ingrato"
"en ik geef de voorkeur aan jou boven hen die een ondankbaar hart verbergen"
"Si tuviera algo de sentido común", respondió la bestia.
"Als ik maar een beetje verstand had," antwoordde het beest
"Si tuviera sentido común, te haría un buen cumplido para agradecerte"
"Als ik verstand had, zou ik je een mooi compliment geven om je te bedanken"
"Pero soy tan aburrida"
"maar ik ben zo saai"
"Sólo puedo decir que le estoy muy agradecido"
"Ik kan alleen maar zeggen dat ik u zeer verplicht ben"
Bella comió una cena abundante
schoonheid at een stevig avondmaal
y ella casi había superado su miedo al monstruo
en ze had haar angst voor het monster bijna overwonnen
Pero ella quería desmayarse cuando la bestia le hizo la siguiente pregunta.
maar ze wilde flauwvallen toen het beest haar de volgende vraag stelde
"Belleza, ¿quieres ser mi esposa?"
"Schoonheid, wil jij mijn vrouw worden?"
Ella tardó un tiempo antes de poder responder.
het duurde even voordat ze kon antwoorden
Porque tenía miedo de hacerlo enojar
omdat ze bang was hem boos te maken
Al final, sin embargo, dijo: "No, bestia".
uiteindelijk zei ze echter: "nee, beest"
Inmediatamente el pobre monstruo silbó muy espantosamente.
onmiddellijk siste het arme monster heel angstaanjagend
y todo el palacio hizo eco
en het hele paleis echode
Pero Bella pronto se recuperó de su susto.

maar de schoonheid herstelde zich al snel van haar angst
porque la bestia volvió a hablar con voz triste
omdat het beest opnieuw met een treurige stem sprak
"Entonces adiós, belleza"
"dan vaarwel, schoonheid"
y sólo se volvía de vez en cuando
en hij keerde zich slechts af en toe om
mirarla mientras salía
om naar haar te kijken toen hij naar buiten ging
Ahora Bella estaba sola otra vez
nu was schoonheid weer alleen
Ella sintió mucha compasión
ze voelde veel medeleven
"Ay, es una lástima"
"Helaas, het is duizendmaal jammer"
"algo tan bueno no debería ser tan feo"
"Alles wat zo goedaardig is, zou niet zo lelijk moeten zijn"
Bella pasó tres meses muy contenta en palacio.
schoonheid bracht drie maanden zeer tevreden door in het paleis
Todas las noches la bestia le hacía una visita.
elke avond kwam het beest haar bezoeken
y hablaron durante la cena
en ze spraken tijdens het avondeten
Hablaban con sentido común
ze spraken met gezond verstand
Pero no hablaban con lo que la gente llama ingenio.
maar ze spraken niet met wat mensen geestigheid noemen
Bella siempre descubre algún carácter valioso en la bestia.
schoonheid ontdekte altijd een waardevol karakter in het beest
y ella se había acostumbrado a su deformidad
en ze was gewend geraakt aan zijn misvorming
Ella ya no temía el momento de su visita.
Ze vreesde de tijd van zijn bezoek niet meer
Ahora a menudo miraba su reloj.
nu keek ze vaak op haar horloge

y ella no podía esperar a que fueran las nueve en punto
en ze kon niet wachten tot het negen uur was
Porque la bestia nunca dejaba de venir a esa hora
omdat het beest nooit naliet om op dat uur te komen
Sólo había una cosa que preocupaba a Bella.
er was maar één ding dat met schoonheid te maken had
Todas las noches antes de irse a dormir la bestia le hacía la misma pregunta.
elke avond voordat ze naar bed ging, stelde het beest haar dezelfde vraag
El monstruo le preguntó si sería su esposa.
het monster vroeg haar of ze zijn vrouw wilde worden
Un día ella le dijo: "bestia, me pones muy nerviosa"
Op een dag zei ze tegen hem: "Beest, je maakt me erg ongerust"
"Me gustaría poder consentir en casarme contigo"
"Ik wou dat ik met je kon trouwen"
"Pero soy demasiado sincero para hacerte creer que me casaría contigo"
"maar ik ben te oprecht om je te laten geloven dat ik met je zou trouwen"
"nuestro matrimonio nunca se realizará"
"Ons huwelijk zal nooit plaatsvinden"
"Siempre te veré como un amigo"
"Ik zal je altijd als een vriend zien"
"Por favor, trate de estar satisfecho con esto"
"probeer hier maar tevreden mee te zijn"
"Debo estar satisfecho con esto", dijo la bestia.
"Ik moet hier tevreden mee zijn," zei het beest
"Conozco mi propia desgracia"
"Ik ken mijn eigen ongeluk"
"pero te amo con el más tierno cariño"
"maar ik hou van je met de tederste genegenheid"
"Sin embargo, debo considerarme feliz"
"Ik moet mezelf echter als gelukkig beschouwen"
"Y me alegraría que te quedaras aquí"

"en ik zou blij zijn dat je hier blijft"
"Prométeme que nunca me dejarás"
"beloof me dat je me nooit zult verlaten"
Bella se sonrojó ante estas palabras.
schoonheid bloosde bij deze woorden
Un día Bella se estaba mirando en el espejo.
op een dag keek de schoonheid in haar spiegel
Su padre se había preocupado muchísimo por ella.
haar vader had zich ziekelijk zorgen om haar gemaakt
Ella anhelaba verlo de nuevo más que nunca.
ze verlangde er meer dan ooit naar om hem weer te zien
"Podría prometerte que nunca te abandonaré por completo"
"Ik zou kunnen beloven dat ik je nooit helemaal zal verlaten"
"Pero tengo un deseo tan grande de ver a mi padre"
"maar ik heb zo'n groot verlangen om mijn vader te zien"
"Me molestaría muchísimo si dijeras que no"
"Ik zou ontzettend boos zijn als je nee zou zeggen"
"Preferiría morir yo mismo", dijo el monstruo.
"Ik zou liever zelf sterven," zei het monster
"Prefiero morir antes que hacerte sentir incómodo"
"Ik zou liever sterven dan dat ik je een ongemakkelijk gevoel geef"
"Te enviaré con tu padre"
"Ik zal je naar je vader sturen"
"permanecerás con él"
"jij zult bij hem blijven"
"y esta desafortunada bestia morirá de pena en su lugar"
"en dit ongelukkige beest zal in plaats daarvan sterven van verdriet"
"No", dijo Bella, llorando.
"Nee," zei de schoonheid, huilend
"Te amo demasiado para ser la causa de tu muerte"
"Ik hou te veel van je om de oorzaak van je dood te zijn"
"Te doy mi promesa de regresar en una semana"
"Ik beloof je dat ik over een week terugkom"
"Me has demostrado que mis hermanas están casadas"

"Je hebt mij laten zien dat mijn zussen getrouwd zijn"
"y mis hermanos se han ido al ejército"
"en mijn broers zijn naar het leger gegaan"
"déjame quedarme una semana con mi padre, ya que está solo"
"Laat mij een week bij mijn vader blijven, want hij is alleen"
"Estarás allí mañana por la mañana", dijo la bestia.
"Je zult er morgenvroeg zijn," zei het beest
"pero recuerda tu promesa"
"maar denk aan uw belofte"
"Solo tienes que dejar tu anillo sobre una mesa antes de irte a dormir"
"Je hoeft je ring alleen maar op tafel te leggen voordat je naar bed gaat"
"Y luego serás traído de regreso antes de la mañana"
"en dan word je voor de ochtend teruggebracht"
"Adiós querida belleza", suspiró la bestia.
"Vaarwel lieve schoonheid," zuchtte het beest
Bella se fue a la cama muy triste esa noche.
schoonheid ging die nacht heel verdrietig naar bed
Porque no quería ver a la bestia tan preocupada.
omdat ze het beest niet zo bezorgd wilde zien
A la mañana siguiente se encontró en la casa de su padre.
de volgende ochtend bevond ze zich bij haar vader thuis
Ella hizo sonar una campanita junto a su cama.
Ze luidde een belletje naast haar bed
y la criada dio un grito fuerte
en het meisje gaf een luide gil
y su padre corrió escaleras arriba
en haar vader rende naar boven
Él pensó que iba a morir de alegría.
hij dacht dat hij met vreugde zou sterven
La sostuvo en sus brazos durante un cuarto de hora.
hij hield haar een kwartier lang in zijn armen
Finalmente los primeros saludos terminaron.
uiteindelijk waren de eerste begroetingen voorbij

Bella empezó a pensar en levantarse de la cama.
schoonheid begon eraan te denken om uit bed te komen
pero se dio cuenta de que no había traído ropa
maar ze realiseerde zich dat ze geen kleren had meegenomen
pero la criada le dijo que había encontrado una caja
maar de meid vertelde haar dat ze een doos had gevonden
El gran baúl estaba lleno de vestidos y batas.
de grote koffer zat vol met jurken en jurken
Cada vestido estaba cubierto de oro y diamantes.
elke jurk was bedekt met goud en diamanten
Bella agradeció a la Bestia por su amable atención.
schoonheid bedankte beest voor zijn vriendelijke zorg
y tomó uno de los vestidos más sencillos
en ze nam een van de meest eenvoudige jurken
Ella tenía la intención de regalar los otros vestidos a sus hermanas.
Ze was van plan de andere jurken aan haar zussen te geven
Pero ante ese pensamiento el arcón de ropa desapareció.
maar bij die gedachte verdween de klerenkast
La bestia había insistido en que la ropa era solo para ella.
het beest had volgehouden dat de kleren alleen voor haar waren
Su padre le dijo que ese era el caso.
haar vader vertelde haar dat dit het geval was
Y enseguida volvió el baúl de la ropa.
en onmiddellijk kwam de koffer met kleren weer terug
Bella se vistió con su ropa nueva
schoonheid kleedde zichzelf met haar nieuwe kleren
Y mientras tanto las doncellas fueron a buscar a sus hermanas.
en intussen gingen de meiden op zoek naar haar zusters
Ambas hermanas estaban con sus maridos.
haar beide zussen waren bij hun echtgenoten
Pero sus dos hermanas estaban muy infelices.
maar haar beide zussen waren erg ongelukkig
Su hermana mayor se había casado con un caballero muy

guapo.
haar oudste zus was getrouwd met een zeer knappe heer
Pero estaba tan enamorado de sí mismo que descuidó a su esposa.
maar hij was zo dol op zichzelf dat hij zijn vrouw verwaarloosde
Su segunda hermana se había casado con un hombre ingenioso.
haar tweede zus was getrouwd met een geestige man
Pero usó su ingenio para atormentar a la gente.
maar hij gebruikte zijn gevatheid om mensen te kwellen
Y atormentaba a su esposa sobre todo.
en hij kwelde zijn vrouw het meest van allemaal
Las hermanas de Bella la vieron vestida como una princesa
De zussen van de schoonheid zagen haar gekleed als een prinses
y se enfermaron de envidia
en ze waren ziek van jaloezie
Ahora estaba más bella que nunca
nu was ze mooier dan ooit
Su comportamiento cariñoso no pudo sofocar sus celos.
haar liefdevolle gedrag kon hun jaloezie niet onderdrukken
Ella les contó lo feliz que estaba con la bestia.
ze vertelde hen hoe blij ze was met het beest
y sus celos estaban a punto de estallar
en hun jaloezie stond op het punt te barsten
Bajaron al jardín a llorar su desgracia.
Ze gingen naar de tuin om te huilen over hun ongeluk
"¿En qué sentido esta pequeña criatura es mejor que nosotros?"
"Waarin is dit kleine wezentje beter dan wij?"
"¿Por qué debería estar mucho más feliz?"
"Waarom zou ze zoveel gelukkiger moeten zijn?"
"Hermana", dijo la hermana mayor.
"Zusje," zei de oudere zus
"Un pensamiento acaba de golpear mi mente"

"Een gedachte schoot me te binnen"
"Intentemos mantenerla aquí más de una semana"
"Laten we proberen haar hier langer dan een week te houden"
"Quizás esto enfurezca al tonto monstruo"
"misschien maakt dit het dwaze monster woedend"
"porque ella hubiera faltado a su palabra"
"omdat ze haar woord zou hebben gebroken"
"y entonces podría devorarla"
"en dan zou hij haar kunnen verslinden"
"Esa es una gran idea", respondió la otra hermana.
"Dat is een geweldig idee," antwoordde de andere zuster
"Debemos mostrarle la mayor amabilidad posible"
"we moeten haar zoveel mogelijk vriendelijkheid tonen"
Las hermanas tomaron esta resolución
de zussen maakten dit hun voornemen
y se comportaron con mucho cariño con su hermana
en ze gedroegen zich heel liefdevol tegenover hun zusje
La pobre belleza lloró de alegría por toda su bondad.
arme schoonheid huilde van vreugde vanwege al hun vriendelijkheid
Cuando la semana se cumplió, lloraron y se arrancaron el pelo.
toen de week voorbij was, huilden ze en trokken ze hun haar uit
Parecían muy apenados por separarse de ella.
ze leken zo verdrietig om afscheid van haar te nemen
y Bella prometió quedarse una semana más
en schoonheid beloofde nog een week langer te blijven
Mientras tanto, Bella no pudo evitar reflexionar sobre sí misma.
Ondertussen kon de schoonheid het niet laten om over zichzelf na te denken
Ella se preocupaba por lo que le estaba haciendo a la pobre bestia.
Ze maakte zich zorgen over wat ze het arme beest aandeed
Ella sabía que lo amaba sinceramente.

ze weet dat ze oprecht van hem houdt
Y ella realmente anhelaba verlo otra vez.
en ze verlangde er echt naar om hem weer te zien
La décima noche también la pasó en casa de su padre.
de tiende nacht bracht ze ook bij haar vader door
Ella soñó que estaba en el jardín del palacio.
ze droomde dat ze in de paleistuin was
y soñó que veía a la bestia extendida sobre la hierba
en ze droomde dat ze het beest uitgestrekt op het gras zag liggen
Parecía reprocharle con voz moribunda
hij leek haar met een stervende stem te verwijten
y la acusó de ingratitud
en hij beschuldigde haar van ondankbaarheid
Bella se despertó de su sueño.
schoonheid ontwaakte uit haar slaap
y ella estalló en lágrimas
en ze barstte in tranen uit
"¿No soy muy malvado?"
"Ben ik niet heel slecht?"
"¿No fue cruel de mi parte actuar tan cruelmente con la bestia?"
"Was het niet wreed van mij om zo onvriendelijk tegen het beest te handelen?"
"La bestia hizo todo lo posible para complacerme"
"beest deed alles om mij te plezieren"
-¿Es culpa suya que sea tan feo?
"Is het zijn schuld dat hij zo lelijk is?"
¿Es culpa suya que tenga tan poco ingenio?
"Is het zijn schuld dat hij zo weinig verstand heeft?"
"Él es amable y bueno, y eso es suficiente"
"Hij is aardig en goed, en dat is voldoende"
"¿Por qué me negué a casarme con él?"
"Waarom heb ik geweigerd met hem te trouwen?"
"Debería estar feliz con el monstruo"
"Ik zou blij moeten zijn met het monster"

"Mira los maridos de mis hermanas"
"Kijk naar de echtgenoten van mijn zussen"
"ni el ingenio ni la belleza los hacen buenos"
"noch gevatheid, noch knapheid maakt hen goed"
"Ninguno de sus maridos las hace felices"
"geen van hun echtgenoten maakt hen gelukkig"
"pero virtud, dulzura de carácter y paciencia"
"maar deugd, zachtmoedigheid en geduld"
"Estas cosas hacen feliz a una mujer"
"Deze dingen maken een vrouw gelukkig"
"y la bestia tiene todas estas valiosas cualidades"
"en het beest heeft al deze waardevolle kwaliteiten"
"Es cierto; no siento la ternura del afecto por él"
"Het is waar; ik voel geen tedere genegenheid voor hem"
"Pero encuentro que tengo la más alta gratitud por él"
"maar ik vind dat ik hem de grootste dankbaarheid voel"
"y tengo por él la más alta estima"
"en ik heb de hoogste achting voor hem"
"y él es mi mejor amigo"
"en hij is mijn beste vriend"
"No lo haré miserable"
"Ik zal hem niet ongelukkig maken"
"Si fuera tan desagradecido nunca me lo perdonaría"
"Als ik zo ondankbaar zou zijn, zou ik mezelf nooit vergeven"
Bella puso su anillo sobre la mesa.
schoonheid legde haar ring op tafel
y ella se fue a la cama otra vez
en ze ging weer naar bed
Apenas estaba en la cama cuando se quedó dormida.
nauwelijks was ze in bed voordat ze in slaap viel
Ella se despertó de nuevo a la mañana siguiente.
de volgende ochtend werd ze weer wakker
Y ella estaba muy contenta de encontrarse en el palacio de la bestia.
en ze was dolblij dat ze zichzelf in het paleis van het beest bevond

Ella se puso uno de sus vestidos más bonitos para complacerlo.
Ze trok een van haar mooiste jurken aan om hem te plezieren
y ella esperó pacientemente la tarde
en ze wachtte geduldig op de avond
llegó la hora deseada
kwam het gewenste uur
El reloj dio las nueve, pero ninguna bestia apareció
de klok sloeg negen, maar er verscheen geen enkel beest
Bella entonces temió haber sido la causa de su muerte.
schoonheid vreesde toen dat zij de oorzaak van zijn dood was
Ella corrió llorando por todo el palacio.
Ze rende huilend door het hele paleis
Después de haberlo buscado por todas partes, recordó su sueño.
nadat ze overal naar hem had gezocht, herinnerde ze zich haar droom
y ella corrió hacia el canal en el jardín
en ze rende naar het kanaal in de tuin
Allí encontró a la pobre bestia tendida.
daar vond ze het arme beest uitgestrekt
y estaba segura de que lo había matado
en ze was er zeker van dat ze hem had vermoord
Ella se arrojó sobre él sin ningún temor.
ze wierp zich zonder enige angst op hem
Su corazón todavía latía
zijn hart klopte nog steeds
Ella fue a buscar un poco de agua al canal.
ze haalde wat water uit het kanaal
y derramó el agua sobre su cabeza
en ze goot het water over zijn hoofd
La bestia abrió los ojos y le habló a Bella.
het beest opende zijn ogen en sprak tot schoonheid
"Olvidaste tu promesa"
"Je bent je belofte vergeten"
"Me rompió el corazón haberte perdido"

"Ik was zo verdrietig dat ik je kwijt was"
"Resolví morirme de hambre"
"Ik besloot mezelf uit te hongeren"
"pero tengo la felicidad de verte una vez más"
"maar ik heb het geluk je nog een keer te zien"
"Así tengo el placer de morir satisfecho"
"dus heb ik het genoegen om tevreden te sterven"
"No, querida bestia", dijo Bella, "no debes morir".
"Nee, lief beest," zei de schoonheid, "je mag niet sterven"
"Vive para ser mi marido"
"Leef om mijn man te zijn"
"Desde este momento te doy mi mano"
"vanaf dit moment geef ik je mijn hand"
"Y juro no ser nadie más que tuyo"
"en ik zweer dat ik niemand anders ben dan de jouwe"
"¡Ay! Creí que sólo tenía una amistad para ti"
"Helaas! Ik dacht dat ik alleen een vriendschap voor je had"
"Pero el dolor que ahora siento me convence;"
"maar het verdriet dat ik nu voel overtuigt mij;"
"No puedo vivir sin ti"
"Ik kan niet zonder jou leven"
Bella apenas había dicho estas palabras cuando vio una luz.
schoonheid had nauwelijks deze woorden gezegd toen ze een licht zag
El palacio brillaba con luz
het paleis schitterde van het licht
Los fuegos artificiales iluminaron el cielo
vuurwerk verlichtte de lucht
y el aire se llenó de música
en de lucht gevuld met muziek
Todo daba aviso de algún gran acontecimiento
es gaf aan dat er een grote gebeurtenis had plaatsgevonden
nada podía captar su atención.
ets kon haar aandacht vasthouden
vió hacia su querida bestia.
ch om naar haar lieve beest

La bestia por la que ella temblaba de miedo
het beest waarvoor ze beefde van angst
¡Pero su sorpresa fue grande por lo que vio!
maar haar verbazing was groot toen ze zag!
La bestia había desaparecido
het beest was verdwenen
En cambio, vio al príncipe más encantador.
in plaats daarvan zag ze de mooiste prins
Ella había puesto fin al hechizo.
ze had een einde gemaakt aan de betovering
Un hechizo bajo el cual se parecía a una bestia.
een betovering waaronder hij op een beest leek
Este príncipe era digno de toda su atención.
Deze prins was al haar aandacht waard
Pero no pudo evitar preguntar dónde estaba la bestia.
maar ze kon het niet laten om te vragen waar het beest was
"Lo ves a tus pies", dijo el príncipe.
"Je ziet hem aan je voeten," zei de prins
"Un hada malvada me había condenado"
"Een boze fee had mij veroordeeld"
"Debía permanecer en esa forma hasta que una hermosa princesa aceptara casarse conmigo"
"Ik zou in die toestand blijven totdat een mooie prinses met mij wilde trouwen"
"El hada ocultó mi entendimiento"
"de fee verborg mijn begrip"
"Fuiste el único lo suficientemente generoso como para quedar encantado con la bondad de mi temperamento"
"jij was de enige die genereus genoeg was om gecharmeerd te zijn van de goedheid van mijn humeur"
Bella quedó felizmente sorprendida
schoonheid was blij verrast
Y le dio la mano al príncipe encantador.
en ze gaf de charmante prins haar hand
Entraron juntos al castillo
ze gingen samen het kasteel binnen

Y Bella se alegró mucho al encontrar a su padre en el castillo.
en de schoonheid was dolblij haar vader in het kasteel te vinden
y toda su familia estaba allí también
en haar hele familie was er ook
Incluso Bella dama que apareció en su sueño estaba allí.
zelfs de mooie dame die in haar droom verscheen was er
"Belleza", dijo la dama del sueño.
"schoonheid", zei de dame uit de droom
"ven y recibe tu recompensa"
"kom en ontvang je beloning"
"Has preferido la virtud al ingenio o la apariencia"
"Je hebt deugd boven verstand of uiterlijk verkozen"
"Y tú mereces a alguien en quien se unan estas cualidades"
"en jij verdient iemand waarin deze kwaliteiten verenigd zijn"
"vas a ser una gran reina"
"Je gaat een geweldige koningin worden"
"Espero que el trono no disminuya vuestra virtud"
"Ik hoop dat de troon uw deugd niet zal verminderen"
Entonces el hada se volvió hacia las dos hermanas.
toen wendde de fee zich tot de twee zussen
"He visto dentro de vuestros corazones"
"Ik heb in jullie harten gekeken"
"Y sé toda la malicia que contienen vuestros corazones"
"en ik weet hoeveel kwaad jullie harten bevatten"
"Ustedes dos se convertirán en estatuas"
"Jullie twee zullen standbeelden worden"
"pero mantendréis vuestras mentes"
"maar je zult je gedachten bewaren"
"estarás a las puertas del palacio de tu hermana"
"je zult aan de poorten van het paleis van je zuster staan"
"felicidad de tu hermana será tu castigo"
"geluk van je zus zal jouw straf zijn"
"dréis volver a vuestros antiguos estados"
"t in staat zijn om terug te keren naar je vroegere

"A menos que ambos admitan sus errores"
"tenzij jullie beiden jullie fouten toegeven"
"Pero preveo que siempre permaneceréis como estatuas"
"maar ik voorzie dat jullie altijd standbeelden zullen blijven"
"El orgullo, la ira, la gula y la ociosidad a veces se vencen"
"trots, woede, vraatzucht en luiheid worden soms overwonnen"
" pero la conversión de las mentes envidiosas y maliciosas son milagros"
" maar de bekering van afgunstige en kwaadaardige geesten zijn wonderen"
Inmediatamente el hada dio un golpe con su varita.
onmiddellijk sloeg de fee met haar toverstaf
Y en un momento todos los que estaban en el salón fueron transportados.
en in een ogenblik werden allen die zich in de hal bevonden, weggevoerd
Habían entrado en los dominios del príncipe.
ze waren de domeinen van de prins binnengegaan
Los súbditos del príncipe lo recibieron con alegría.
de onderdanen van de prins ontvingen hem met vreugde
El sacerdote casó a Bella y la bestia
de priester trouwde met Belle en het Beest
y vivió con ella muchos años
en hij leefde vele jaren met haar
y su felicidad era completa
en hun geluk was compleet
porque su felicidad estaba fundada en la virtud
omdat hun geluk gebaseerd was op deugd

El fin
Het einde

www.tranzlaty.com

www.ingramcontent.com/pod-product-compliance
Lightning Source LLC
Chambersburg PA
CBHW010611100526
44585CB00038B/2602